Conforme à la loi n°49956 du 16 juillet 1949 sur les publications destinées à la jeunesse.
ISBN : 209250235-2

Achevé d' imprimer par OGDA en Italie
N° de projet : 10107666 -Dépót légal : août 2003

Lulu-Grenadine ne veut plus sucer son pouce

Texte de Laurence Gillot

Images de Lucie Durbiano

NATHAN

Lulu-Grenadine arrive
à l'école en suçant
son pouce.
Comme d'habitude !

Dans la cour, elle retrouve Lou,
sa grande copine. Oh ! Lou a
un pansement autour de la main,
et puis elle a l'air toute triste !
– Quèche que chu ché fait ?
lui demande Lulu-Grenadine.
– Je suis tombée dans les escaliers !
répond Lou.
– Et ché allée à loupital ?
– Oui ! Et si tu veux tout savoir,
j'ai même pas pleuré !
– Ché vrai ? s'exclame Lulu-Grenadine.
Moi, à ta plache, ch'aurais hurlé
comme une chirène !

Mais soudain, les yeux de Lou se remplissent de larmes.

– Ben, quèche que chu as ? s'écrie Lulu-Grenadine. Cha mal ?

– Je ne peux plus sucer mon pouce ! hoquette Lou.

– Cha qua prendre l'autre !

– L'autre, il est pas bon ! affirme Lou en reniflant.

À midi, Lulu-Grenadine rentre déjeuner chez elle avec sa maman, avec François l'ami de sa maman, et avec Malo, son demi-frère.

Elle leur parle de Lou.

– La pauvre ! s'exclame François.

– Je crois que ce serait terrible pour toi aussi si tu ne pouvais plus sucer ton pouce, dit simplement maman.

Dès qu'elle a terminé
son yaourt, Lulu-Grenadine
file dans sa chambre.
Elle s'assoit par terre et regarde
son pouce en pensant à Lou.
Elle le plie. Elle le tend.
Elle le fait danser dans tous les sens.
Elle lui fait embrasser
les autres doigts.
Smak, smak, smak et smak !

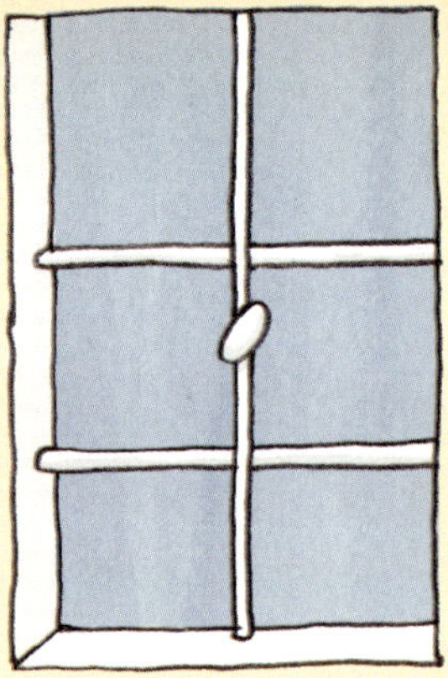

Puis soudain, Lulu-Grenadine a une idée.
Avec un crayon, elle dessine sur son pouce
deux yeux, un nez, une bouche.

– Bonjour, monsieur Pouce, lui dit-elle. Je vais te dire quelque chose : tu n'as plus le droit d'aller dans ma bouche, c'est fi-ni !

Puis Lulu-Grenadine prend une toute petite voix pour faire parler son doigt :

– Pourquoi ? demande le pouce.

– Parce que ça rend Lou très triste ! Et aussi parce que tu joues toujours avec mes dents et tu ne les ranges jamais ! C'est le dentiste qui l'a dit !

– Lulu ! appelle maman. Il est l'heure de retourner à l'école !

Lulu-Grenadine se lève immédiatement.
Elle sort de sa chambre,
puis y retourne aussitôt.
Elle prend vite
quelques gommettes autocollantes
sur son étagère
et les fourre dans sa poche...

À quelques pas de l'école, son pouce a bien envie d'aller se cacher dans sa bouche comme à son habitude,
mais Lulu-Grenadine le regarde droit dans les yeux et lui dit fermement :
– Non ! mon coco !

Et elle se dépêche de rejoindre Lou dans la cour.

– Montre-moi ton pansement ! lui dit-elle.

Et hop ! Elle colle quatre gommettes dessus ! Deux yeux, un nez, une bouche.

– Qu'est-ce que tu fais ? s'écrie Lou.

Lulu-Grenadine met son pouce à côté de celui de Lou et prend sa petite voix :

– Bonjour ! Vous êtes un pouce de neige ?

Le visage de Lou s'éclaire soudain.

Et son pouce répond :

– Non, monsieur ! Je suis un ours blanc et vous avez oublié mes oreilles !

Lulu-Grenadine sourit et ajoute deux gommettes rondes en haut du pansement.

– Voulez-vous danser avec moi, cher ours ? propose le pouce de Lulu-Grenadine.

– D’accord ! dit le pouce de Lou en se dandinant.

C'est papa qui vient
chercher Lulu-Grenadine à l'école.
– Je n'ai pas sucé mon pouce
de l'après-midi !
lui annonce-t-elle fièrement.
– Youpi ! se réjouit papa.
Bravo, ma Lulu !

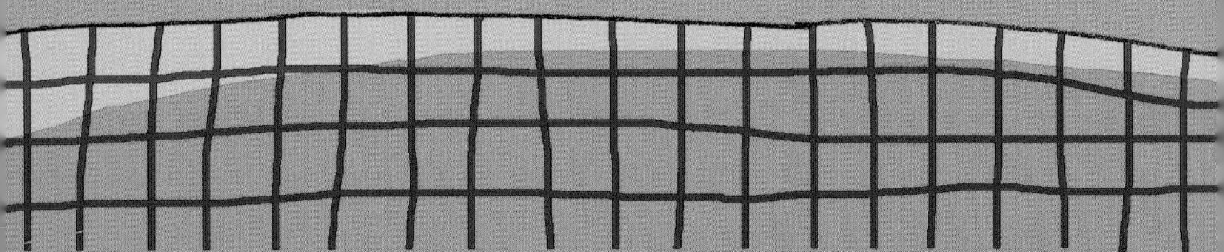

Au moment du coucher, chez son papa,
Lulu-Grenadine chuchote à son doigt :
– Tu as été super !
– Je suis fatigué ! répond le pouce.
– Alors, viens t'allonger dans ton lit !
La nuit, tu as le droit !

Lulu-Grenadine ouvre un peu la bouche, elle dépose doucement son doigt sur sa langue et elle s'endort...

Dans la même collection

Arnaud Alméras

Mister Mizter, agent secret
images de Clément Oubrerie

Clotilde Bernos

Je veux un lion !
images de Jean-François Martin

Françoise Bobe

Le doudou de Siyabou
images de Claire Le Grand

Elsa Devernois

À la poubelle, bébé Louis !
images de Magali Bardos

François David

La marchande de sable
images de Quentin Van Gijsel

Laurence Gillot

Patience, Prinçounet !
images de Dominique Corbasson

La bise du renne
images de Lucie Durbiano

Lulu Grenadine ne veut plus sucer son pouce
images de Lucie Durbiano

René Gouichoux

Quand j'étais seul dans mon terrier
images de Céline Guyot

Girafon et Girafette
images de Delphine Renon

La chasse à la carotte
images de Jean-François Martin

On dirait une sorcière !
images de Xavier Frehring

Odile Hellmann-Hurpoil

Ohé ! Capitaine Olivier !
images de François Avril

La fée Sidonie a des soucis
images de Charlotte Roederer

Rendez-moi mon chien !
images de Marcelino Truong

DANS LA MÊME COLLECTION

Jo Hoestlandt

LA BOITE À BISOUS
images de Clémentine Collinet

Fanny Joly

QUEL CADEAU POUR LE PÈRE NOËL ?
images de Martin Jarrie

Geneviève Laurencin

UN ÉLÉPHANT, C'EST ÉPATANT !
images de Hervé Blondon

Thierry Lenain

JE NE SUIS PLUS UN BÉBÉ, MAMAN !
images de Laurence de Kemmeter

Didier Lévy

LE BISOU
images de Gilles Rapaport

LA BALLE
images de Gilles Rapaport

Magdalena

GRAND-PÈRE GROGNON
images de Dominique Corbasson

À L'EAU, LÉO !
images de Émilie Chollat

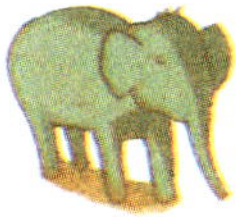

Julie Mellon

CHANGE DE VOIX, LAPINOU !
images de Olivier Latyk

Geneviève Noël

QUEL AMOUR DE CROCODILE !
images de Rémi Saillard

TOUT-DOUX LE PETIT LOUP
images de Christopher Corr

CHARLOTTE LA MARMOTTE
images de Anouk Ricard

Thierry Robberecht

LA BELLE NUIT DE ZAZA LA VACHE
images de Isabelle Jonniaux

Édith Soonckindt

AU PAYS DES ROIS
images de Isabelle Jonniaux

Natalie Zimmermann

UN PRINCE POUR LILAS
images de Suppa